Louise Fitzgerald unterrichtet Schauspieler in Improvisation und arbeitet dabei für ihr Leben gern mit Jugendlichen. Sie lebt mit ihrer Familie in Kent, GB.

Kate Hindley ist 1986 geboren. Ihr Bilderbuchdebüt 2013 stand sogleich auf der Longlist für die Kate Greenaway Medal. Sie lebt und arbeitet in Birmingham, GB.

Für Mama und Papa,
mit Dank an L und L xx
L. F.

Für Liam, Lorna,
Seb und Astrid
K. H.

Weitere Informationen zum Kinder- und Jugendbuchprogramm der S. Fischer Verlage finden Sie unter www.fischerverlage.de

Aus Verantwortung für die Umwelt hat sich der Fischer Kinder- und Jugendbuch Verlag zu einer nachhaltigen Buchproduktion verpflichtet. Der bewusste Umgang mit unseren Ressourcen, der Schutz unseres Klimas und der Natur gehören zu unseren obersten Unternehmenszielen.
Gemeinsam mit unseren Partnern und Lieferanten setzen wir uns für eine klima-neutrale Buchproduktion ein, die den Erwerb von Klimazertifikaten zur Kompensation des CO_2-Ausstoßes einschließt.
Weitere Informationen finden Sie unter: www.klimaneutralerverlag.de

Erschienen bei FISCHER Sauerländer

Die englische Originalausgabe erschien 2023 unter dem Titel »The Quickest Bedtime Story Ever« bei Nosy Crow Ltd., Wheat Wharf, 27a Shad Thames, GB-London SE1 2XZ
© Text Louise Fitzgerald 2023 | © Illustrationen Kate Hindley 2023

© 2023 Fischer Kinder- und Jugendbuch Verlag GmbH,
Hedderichstraße 114, D-60596 Frankfurt am Main
Umschlaggestaltung und Satz: Dahlhaus & Blommel Media Design, Vreden
Coverillustration: Kate Hindley
ISBN 978-3-7373-7246-6

DIE ALLERKÜRZESTE GUTENACHTGESCHICHTE DER WELT!

LOUISE FITZGERALD & KATE HINDLEY

Aus dem Englischen
von Mathias Jeschke

SAUERLÄNDER

Alle mal herhören!
Dieses Buch erzählt die allerkürzeste
Gutenachtgeschichte der Welt!

Es ist eine wirklich tolle Geschichte,
ihr werdet sie lieben,
immer wieder hervorholen
und nie wieder vergessen.

Und sie hat nur zehn Worte!

Doch eins noch, bevor wir anfangen ...

Erwachsene werden schnell mal ärgerlich,
wenn ihr zur Schlafenszeit noch sehr aufgedreht seid.
Wenn ihr also wirklich der Geschichte zuhören wollt,
dann sagt einmal laut und verständlich:

ICH VERSPRECHE,
ZU SCHLAFEN,
WENN DAS BUCH
AUS IST.

Und es ist nur gerecht, wenn,
wer immer euch das Buch vorliest,
dann antwortet:

ICH VERSPRECHE,
MIT MEINER
ALLERBESTEN VORLESESTIMME
VORZULESEN.

Prima!
Jetzt kann es
also losgehen.

Erst einmal müsst ihr euch
richtig warmsprechen:

Ma, ma, ma, ma, Mi...
Marrrrr Plo
La, la, Lu lulu.
La, er-
Hühner-
Fa, fa, fa, fa. Fu, fu, fu.
Nude
Blinkende
zzzzzzzz
KNÖPFE

Super!
Ihr dürft einander
jetzt applaudieren:
Klatscht fünfmal langsam
und lautstark in die Hände.

Als Nächstes,
einmal so richtig s t r e c k e n !
Und nicht vergessen, dabei zu gähnen ...

Fertig?
Sehr gut!

Und nun macht es euch so richtig gemütlich
inmitten von Kissenburgen

und – falls vorhanden –
Schwabbelbäuchen.

Gut gemacht!
So, wo waren wir
stehen geblieben?

Ach ja!
Noch eine kleine
Vorbemerkung,
bevor wir
weitermachen.

Es mag keine Absicht sein, aber manchmal
kann es passieren, dass eure Erwachsenen
eine Seite oder auch zwei überblättern.
Also, achtet gut darauf, was sie tun!
Ihr wollt ja schließlich nichts verpassen, oder!

Mal im Ernst, warum zeigt nicht ihr ihnen,
wie man es richtig macht?
Das Umblättern ist nämlich eine wichtige
Angelegenheit beim Schlafengehen,
müsst ihr wissen! Bereit?

Denkt daran, ihr müsst ein sehr strenges
Gesicht machen. Es handelt sich um eine
wirklich ernste Angelegenheit.

Oha!
Das war wunderbar!
Und das Gesicht hat
wirklich gut gepasst!

Das habt ihr richtig
gut hingekriegt!

Wollen wir weitermachen?

Gut.

Es war einmal ...

Oh, nein, wartet.
Noch was!

Habt ihr eigentlich alle
eure Kuscheltiere bei euch?
Sie wollen schließlich auch
diese Gutenachtgeschichte
hören.

Ihr könntet sie von klein nach
groß sortieren oder nach Farben.
Oder euch fällt noch eine ganz
andere Reihenfolge ein.

Los geht's!

Alles erledigt?

Sind jetzt alle dabei?
Habt ihr überall nachgesehen?

Auch unter der Bettdecke?
Aber da verstecken sie sich
sowieso nicht, oder?

Zwischen euren Zehen,
in euren Achselhöhlen?
(Passt auf, dass es nicht kitzelt!)
Und nicht zuletzt
in euren Nasenlöchern?
(Achtung: Popel!)

Gut,
das war eine richtig
erfolgreiche Suche.

Jetzt also.

Es war einmal ...

Aber, halt!
Kaum zu glauben, dass wir das vergessen haben!

Eure Gutenachtgeschichte braucht natürlich
eine passende musikalische Ankündigung!

Stellt euch also vor, ihr –
tamm-taram-ta-dam – schlagt die Trommel,
kling-pi-dingi-ding – die Triangel,
zickel-scheckel-pamm – das Tamburin –
und vergesst auf keinen Fall
ein klitzekleines »Tröööt« auf der Trompete!

Umwerfend!

Weiter geht's!

Es war einmal ...

Stopp!
Bleibt, wo ihr seid!
Wir haben noch etwas zu erledigen!

Ihr müsst jetzt jede der beiden folgenden Fragen
mit einem Zauberfingerzeichen beantworten:

Sind alle da?

Haben es alle gemütlich
und kuschelig?

Wunderbar!
Es sieht so aus, als wären
wir jetzt endlich bereit
für die Gutenachtgeschichte
in nur zehn Worten.

Es war einmal in meinem Bett
sehr kuschelig und ziemlich nett.

So!
Das ist doch nun wirklich die tollste
(also kürzeste) Gutenachtgeschichte der Welt,
oder etwa nicht?!

Und jetzt wird —
wie du es
versprochen hast —
geschlafen!

Obwohl — und da wir gerade dabei sind,
wie wäre es noch mit einer ALLERLETZTEN Geschichte?

Alles in allem hat auch sie nur zehn Worte.

Schlaf schön, Maus,
und träume süß!
Das Buch ...

ist aus.

(Bis morgen!)